Le mie prime parole in filippino

Guida per bambini alla lingua e alla cultura filippine

Questo libro appartiene a:

Sommario

Famiglia

ina
(EE-na)
madre

ama
(AH-ma)
padre

kapatid
(ka-PA-tid)
fratello

pinsan
(PIN-sahn)
cugino

1

lola
(LO-la)
nonna

lolo
(LO-lo)
nonno

bata
(bA-ta)
figlio

kaibigan
(ka-i-BIG-an)
amico

2

Momento Del Pasto

kain
(KA-in)
mangiare

kutsara
(koot-SA-ra)
cucchiaio

tinidor
(tee-NEE-dor)
forchetta

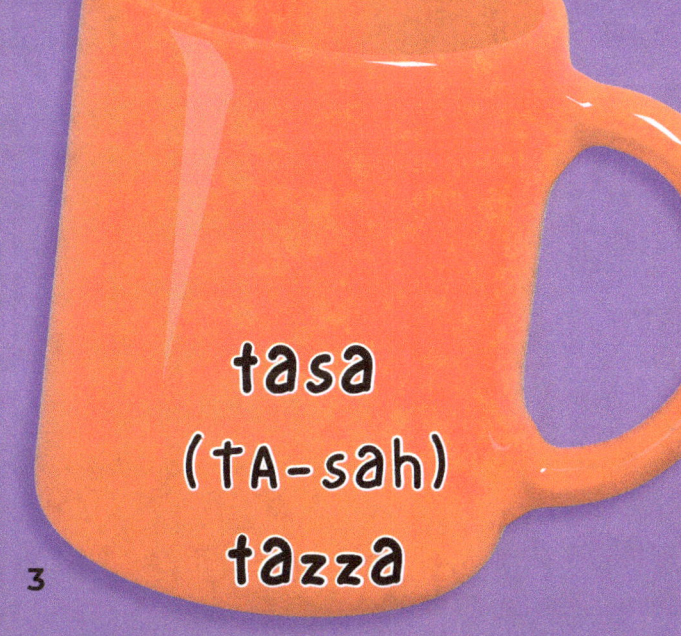

tasa
(TA-sah)
tazza

3

inom
(inom - EE-nom)
bere

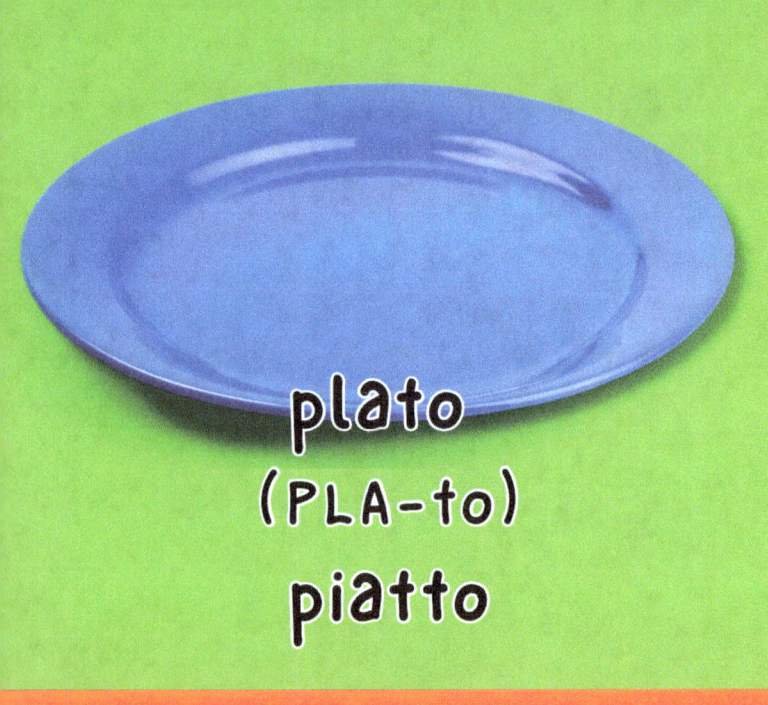

plato

(PLA-to)

piatto

mangkok

(mang-KOK)

ciotola

mesa

(ME-sa)

tavolo

silya

(seel-YA)

sedia

4

Cibo E Bevande

langka
(LANG-ka)
jackfruit

niyog
(nee-YOG)
cocco

mais
(MAH-ees)
mais

santol
(SAN-tol)
frutto del cotone

bayabas
(ba-YA-bas)
guava

5

ampalaya
(am-pa-LAY-a)
melone amaro

malunggay
(ma-LOONG-gay)
moringa

kangkong
(KANG-kong)
spinaci d'acqua

labanos
(lah-BAH-nos)
ravanello

kamote
(ka-MO-te)
patata dolce

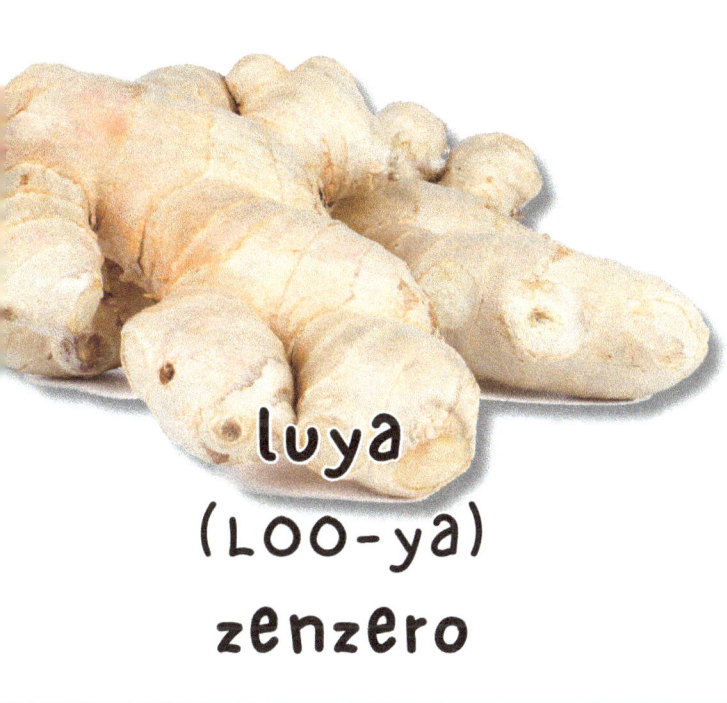

luya
(LOO-ya)
zenzero

sibuyas
(see-BOO-yas)
cipolla

bawang
(BA-wang)
aglio

sili
(SEE-lee)
peperoncino

keso
(KE-so)
formaggio

tinapay
(tee-NA-pay)
pane

mantikilya
(man-tee-KEEL-ya)
burro

kanin
(KA-neen)
riso

tempo Di Bagno

hugas
(HOO-gas)
lavaggio

bula
(BOO-lah)
bolle di sapone

tuwalya
(too-WAL-yah)
asciugamano

sabon
(SAH-bon)
sapone

9

tabo
(TAH-bo)
pannolino

timba
(TIM-bah)
secchio

sepilyo
(seh-PEEL-yo)
spazzolino
da denti

suklay
(sook-LAY)
pettine

10

tempo Di Sonno

tulog
(TOO-log)
dormire

kama
(KAH-ma)
letto

unan
(OO-nan)
cuscino

kumot
(KOO-mot)
coperta

11

kutson
(KOOT-son)
materasso

tsinelas
(chee-NE-las)
pantofole

kurtina
(koor-TEE-nah)
tende

kwento
(KWEN-to)
storia

Abbigliamento

pantalon
(pan-ta-LON)
pantaloni

palda
(PAL-da)
gonna

medyas
(MED-yas)
calze

sapatos
(sa-PA-tos)
scarpe

13

kurbata
(koor-BA-ta)
cravatta

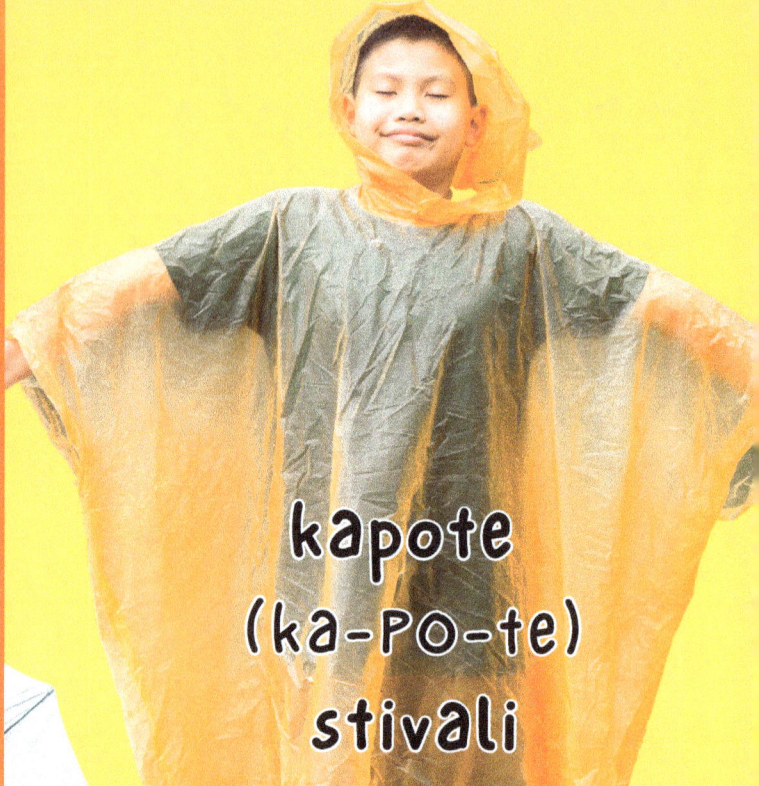

kapote
(ka-PO-te)
stivali

sombrero
(som-BRE-ro)
cappello

14

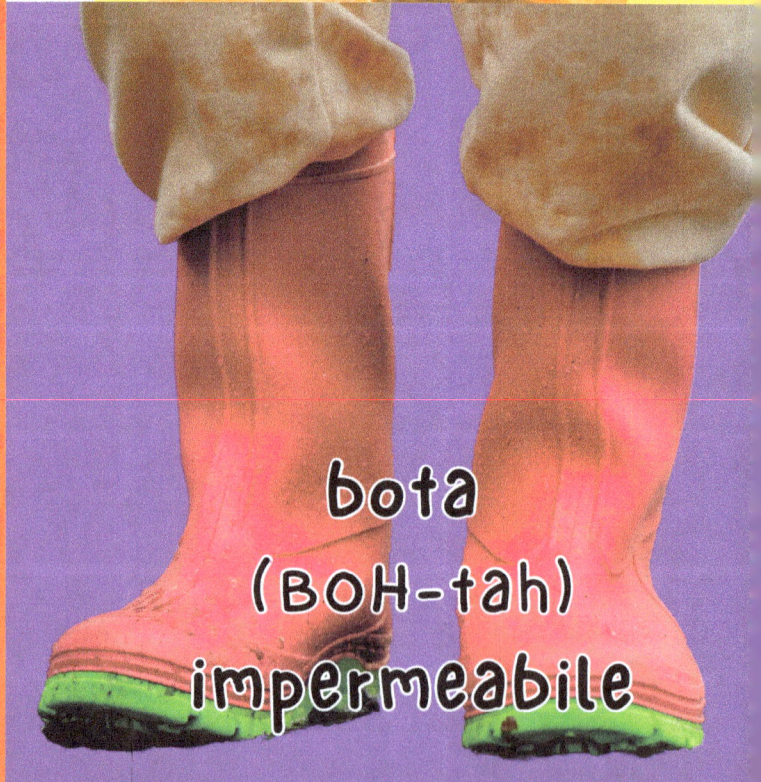

bota
(BOH-tah)
impermeabile

Numeri

isa
(EE-sah)
uno

dalawa
(da-LA-wah)
due

tatlo
(TAT-lo)
tre

apat
(AH-pat)
quattro

lima
(LEE-mah)
cinque

15

anim
(AH-nim)
sei

pito
(PEE-toh)
sette

walo
(WA-loh)
otto

siyam
(SEE-yam)
nove

sampu
(SAM-poo)
dieci

16

Colori

puti
(POO-tee)
bianco

pula
(POO-lah)
rosso

kahel
(KA-hel)
arancione

dilaw
(DEE-law)
giallo

kayumanggi
(ka-yoo-MANG-gee)
marrone

17

bughaw
(boog-HAW)
blu

berde
(BER-deh)
verde

itim
(EE-teem)
nero

rosas
(RO-sas)
rosa

lila
(LEE-la)
viola

18

Ambiente

langit
(LAH-ngit)
cielo

buwan
(boo-WAN)
luna

bituin
(beet-WEEN)
stella

19

araw
(A-raw)
sole

puno
(POO-no)
albero

bulaklak
(boo-LAK-lak)
fiore

dahon
(DA-hon)
foglia

bato
(BA-to)
pietra

20

Parti Del Corpo

ulo
(OO-lo)
testa

mata
(MA-ta)
occhio

buhok
(boo-HOK)
capelli

21

ilong
(ee-LONG)
naso

tenga
(TEH-nga)
orecchio

ngipin
(NGEE-peen)
denti

dila
(DEE-la)
lingua

labi
(LAH-bee)
labbra

paa
(PAH-ah)
piede

kamay
(kā-MAY)
mano

22

Animali

aso
(AH-so)
cane

pusa
(POO-sa)
gatto

kuwago
(koo-WA-go)
gufo

isda
(EES-da)
pesce

kabayo
(ka-BA-yo)
cavallo

baboy
(BA-boy)
maiale

manok
(ma-NOK)
pollo

24

kambing
(kam-BING)
capra

pagong
(pa-GONG)
tartaruga

pusit
(POO-sit)
calamaro

hipon
(HEE-pon)
gambero

alimasag
(a-lee-MAH-sag)
granchio

25

bubuyog
(boo-BOO-yog)
ape

suso
(SOO-so)
lumaca

gagamba
(ga-GAM-bah)
ragno

ahas
(AH-has)
serpente

Oggetti Di Uso Quotidiano

relo
(RE-lo)
orologio

telepono
(te-le-PO-no)
telefono

bintana
(bin-TAH-na)
finestra

pintuan
(pin-TOO-an)
porta

27

payong
(PAH-yong)
ombrello

ilaw
(EE-law)
luce

bentilador
(ben-tee-LAH-dor)
ventilatore

gunting
(GOON-ting)
forbici

trasporti

kotse
(KOT-seh)
auto

bisikleta
(bee-sik-LE-ta)
bicicletta

motorsiklo
(mo-tor-SIK-lo)
moto

tren
(TREN)
treno

bus
(boos)
autobus

barko
(BAR-ko)
nave

eroplano
(e-rop-LA-no)
aereo

laro
(LA-ro)
giocare

takbo
(TAK-bo)
correre

lakad
(LA-kad)
camminare

upo
(OO-po)
sedersi

tayo
(TA-yo)
stare in piedi

talon
(TA-lon)
saltare

palakpak
(pa-LAK-pak)
battere le mani

tawa
(TA-wa)
ridere

Occupazioni

guro
(GOO-ro)
insegnante

magsasaka
(mag-sa-SA-ka)
agricoltore

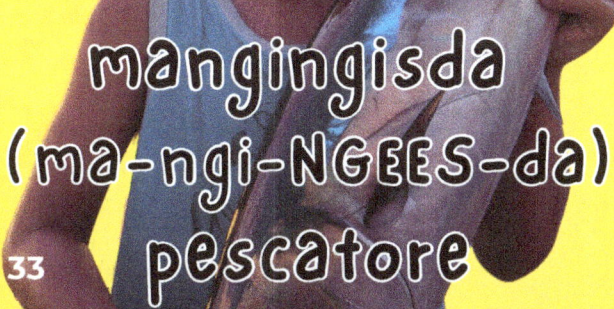

mangingisda
(ma-ngi-NGEES-da)
pescatore

pulis
(POO-lis)
poliziotto

33

bombero
(bom-BE-ro)
pompiere

panadero
(pa-na-DE-ro)
fornaio

karpintero
(kar-pin-TEH-ro)
falegname

34

kusinero
(koo-see-NEH-ro)
cuoco

Emozioni

masaya
(ma-SA-ya)
felice

galit
(GA-lit)
arrabbiato

takot
(TA-kot)
spaventato

gulat
(GOO-lat)
sorpreso

pagod
(PA-god)
stanco

gutom
(GOO-tom)
affamato

uhaw
(oo-haw)
sete

hiya
(hee-YA)
timido

Mi piacerebbe avere tue notizie...

Spero che tuo figlio si sia divertito a esplorare il filippino con noi! Ci piacerebbe conoscere la sua esperienza con "Le mie prime parole in filippino". Il tuo feedback ci aiuta a sostenere altre famiglie nel loro percorso di apprendimento linguistico.

https://go.binnovatedigital.com/ItalianFilipino

Scansiona il codice QR utilizzando la fotocamera del tuo telefono, o copia il link nel browser del tuo telefono o computer.

Ti sono incredibilmente grata per il tuo tempo. Grazie!

Con affetto,

Emma